DÉCOUVERTE

DE LA

MAISON DE LA T. S. VIERGE

DANS

LA MONTAGNE D'ÉPHÈSE

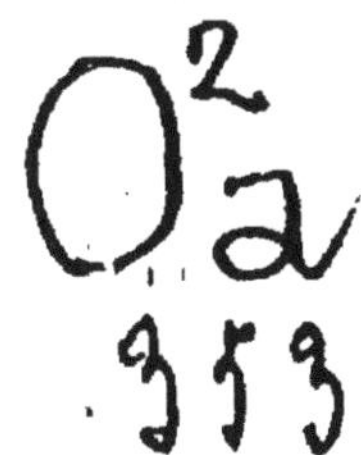

DÉCOUVERTE

DE LA

MAISON DE LA T. S. VIERGE

DANS

LA MONTAGNE D'ÉPHÈSE

FOUILLES A FAIRE

POUR DÉCOUVRIR SON TOMBEAU, QUI Y EST CACHÉ

Ad majorem
Jesu Christi Matrisque suæ et nostræ
gloriam.

PRIX : 10 CENTIMES

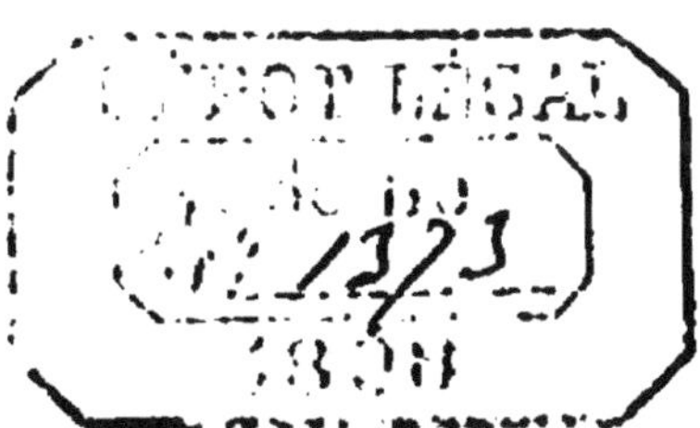

PARIS

OEUVRE DE SAINT-PAUL	**CHEZ L'AUTEUR**
6, RUE CASSETTE, 6	7, RUE BERTHOLLET, 7

1898

NOTICE

SUR LES DERNIÈRES ANNÉES DE LA TRÈS SAINTE VIERGE

SON SÉJOUR, SA MORT, SA GLORIEUSE

ASSOMPTION DANS LA MONTAGNE D'ÉPHÈSE

SUR LA DÉCOUVERTE, EN 1881, DE LA MAISON DANS LAQUELLE

ELLE EST MORTE

NÉCESSITÉ DE FAIRE DES FOUILLES

POUR RETROUVER AUSSI SON SAINT TOMBEAU

QUI EST CACHÉ LA

SOUSCRIPTION OUVERTE DANS CE BUT

COURT EXPOSÉ DES FAITS

1. — Lorsque les Apôtres, l'an 37 à 38, trois ans et demi environ après le crucifiement de Notre-Seigneur Jésus-Christ et la réprobation, par suite, du peuple juif, abandonnèrent Jérusalem pour annoncer la bonne nouvelle aux gentils, aux peuples païens, à nos pères, la très sainte Vierge, d'après divers auteurs, suivit saint Jean à Éphèse, comme son divin Fils le lui avait recommandé. De là, elle revint cependant deux fois à Jérusalem, d'après A.-C. Emmerich; la dernière fois, elle faillit y mourir de douleur à la vue des lieux où avait tant souffert son Divin Fils. On lui prépara un tombeau dans la vallée de Gethsémani; mais elle se remit et retourna à Éphèse, où elle mourut dix-huit mois après, l'an 48. Elle y fut ensevelie et y ressuscita. Dieu ordonna de cacher son tombeau, ainsi qu'il avait ordonné de cacher le tombeau de

Moïse, pour ne pas exposer les Éphésiens à adorer la très sainte Vierge, comme ils avaient adoré jusque-là Diane, qu'ils appelaient la « mère des dieux ».

2. — Ces faits de l'abandon de Jérusalem par Marie, de son séjour et de sa mort près de saint Jean en une paisible retraite dans la montagne d'Éphèse, si conformes aux livres saints, à la raison et à l'état de Jérusalem, sont aussi conformes aux traditions orientales et surtout à la tradition si formelle, si claire, si précise, si ancienne et toujours si vivante des Éphésiens, qui ont même toujours vénéré la maison où est morte la très sainte Vierge, qui y ont toujours honoré d'une manière particulière sa glorieuse Assomption, qui ont toujours affirmé que son tombeau est caché près de là; ces faits sont aussi conformes à la plupart des dires des apocryphes, aux témoignages de Tertullien, de saint Jérôme, de saint Jean Chysostome, à l'absence de toute revendication de Jérusalem à ce sujet pendant les quatre premiers siècles ; sont conformes surtout à la lettre adressée au Clergé et au Peuple de Constantinople par les Pères du concile d'Éphèse tenu en 431. Dans cette lettre, les Pères rappellent manifestement le séjour, la mort et la sépulture de la Mère de Dieu, la très sainte Vierge Marie à Éphèse, par une phrase elliptique, il est vrai, mais dont le sens — bien déterminé par toutes les circonstances, par la manière de parler en pareil cas, par le contexte, par l'identité des choses que le Concile affirme de saint Jean et de la mère de Dieu, choses qui, pour saint Jean, sont incontestablement sa mort et sa sépulture à Éphèse et qui, par suite, ne peuvent être également pour la Mère de Dieu que sa mort et

sa sépulture dans cette cité, comme d'ailleurs toutes les autres preuves indiquées l'attestaient déjà; — dont le sens, dis-je, ainsi bien déterminé, alors et encore maintenant facile à comprendre, montre par la forme même, par la forme elliptique de l'expression, que ces faits étaient absolument de notoriété publique.

Jusque-là, donc, pas de contestation sur le séjour et la mort de la très sainte Vierge à Éphèse.

3. — Mais peu après, un prélat ambitieux, Juvénal, évêque de Jérusalem, qui, au témoignage du pape saint Léon le Grand et au témoignage de l'histoire, n'a reculé ni devant le schisme et l'hérésie, ni devant la fabrication des pièces fausses pour augmenter l'autorité de son siège, falsifiant aussi, bien probablement, les anciens écrits apocryphes et abusant de la présence du tombeau de Gethsémani, *simplement préparé* pour la très sainte Vierge, entreprend de faire croire que la très sainte Vierge est vraiment morte et ressuscitée à Jérusalem, et ses allégations trompent de nombreux pèlerins et écrivains des siècles suivants qui répandent cette erreur.

4. — Alors s'engage, au sujet d'Éphèse et de Jérusalem, entre les savants, une lutte qui a duré jusqu'à nos jours.

Ont écrit en faveur de Jérusalem : d'abord, saint André de Crète, mais environ trois cents ans après Juvénal; puis saint Willibad, saint Jean Damascène, Cédrénus, Nicéphore Callixte, Barthélemy de Trente, Guillaume de Tyr, Sandini et beaucoup d'autres.

Il faut remarquer qu'aucun de ces auteurs ne s'appuie: 1° sur un fait bien établi de tradition antérieure à Juvénal, mais seulement sur la prétendue tradition qui a suivi Juvénal; 2° sur les apocryphes remaniés par Juvénal; 3° sur le tombeau de Gethsémani préconisé par Juvénal. Le principal de tous ces auteurs, saint Jean Damascène, cite et suit entièrement Juvénal.

Aucun n'essaie de répondre aux textes des livres saints et à la lettre des Pères du concile d'Éphèse si décisif en faveur d'Éphèse, ou ne réussit qu'à donner des explications ridicules.

Donc, de ce côté, rien que Juvénal, une fausse tradition, des écrits apocryphes et falsifiés, et un tombeau respectable mais donné, sans aucune preuve, pour celui de la Mère de Dieu.

5. — De l'autre côté, en faveur d'Éphèse, Albufarage, célèbre auteur syrien du treizième siècle, qui dit ouvertement que saint Jean est venu à Éphèse avec Marie, a fondé l'Église d'Éphèse et a enseveli Marie en un lieu que nul ne connaît.

On trouve ensuite de savants auteurs, Tillemont, le P. Serry, Dom Ruinart, Dom Calmet, Benoît XIV et autres qui, malheureusement, ne connaissaient pas assez la tradition si décisive des Éphésiens, mais qui, d'après les livres saints et la lettre du concile d'Éphèse, soutenaient que Marie n'était point morte à Jérusalem mais bien à Éphèse.

Benoît XIV, qui s'était clairement déclaré pour Éphèse, tout en ne voulant pas prononcer entre les deux opinions d'une manière absolue, devenu pape, avait projeté de faire enlever du Bréviaire les leçons tirées de saint Jean Damascène qui, d'après Juvénal et les apocryphes, représente la très sainte Vierge comme morte à Jérusalem.

Malgré la force des preuves qui militaient en faveur d'Éphèse, les doutes étaient donc encore assez grands.

6. — Dieu, voulant enfin glorifier la dernière demeure, le Tombeau, et, sans doute aussi, d'une manière plus formelle la très sainte Assomption de sa divine Mère, a fait révéler toute la vérité par la célèbre A.-C. Emmerich, religieuse augustine, morte en odeur de sainteté à Dulmen, en 1824.

Frappé de ces révélations, l'auteur de cette notice, après avoir examiné les témoignages historiques pour et contre, entreprend, en 1881, d'aller en Orient contrôler d'abord l'exactitude des révélations d'A.-C. Emmerich pour les lieux saints d'Égypte et de Judée. Non seulement il trouve tout de la plus grande exactitude, mais il constate en trois lieux différents : au Bourg de la Vierge, sur la route de Bethléem à Hébron, à Capharnaüm et au Thabor, que A.-C. Emmerich a donné des indications tout à fait inconnues sur ces saints lieux, et pourtant parfaitement justes et très importantes pour la piété chrétienne.

Il se décide alors à aller à Smyrne, puis dans la montagne d'Éphèse, où il a le bonheur de trouver, le 18 octobre 1881, à Panaghia-Capouli, la petite maison où la très sainte Vierge a vécu ses neuf dernières années et où elle est morte l'an 48, avec toutes les marques exactes d'authenticité données par A.-C. Emmerich : 1° pour la montagne, partant à pic d'Éphèse même, ayant de ce côté ses pentes rapides couvertes d'habitations, se prolongeant au sud, ayant à son sommet, à environ trois lieues, vue sur les ruines d'Éphèse et sur les îles de l'Archipel; offrant dans son centre une plaine d'environ une demi-lieue de tour; 2° pour la situation de la sainte maison : à un kilomètre plus bas que la petite plaine, entre des arbres, au pied d'un rocher, avec de l'eau à proximité (une magnifique source); avec son genre de construction, ses petites fenêtres, terminée en rond à l'orient, avec une petite chambre de chaque côté, c'est-à-dire comme une petite église en forme de croix !

Je levai le plan de la petite maison, et, de retour à Smyrne, je fis part de ma découverte aux RR. PP. Lazaristes, qui n'y crurent pas, et à Mgr Timoni, qui, lui, en fut très ému.

7. — Tous comprendront qu'il y avait de quoi.

L'exactitude de la description faite à Dulmen en 1820 et 1821, par une pauvre religieuse qui n'avait jamais voyagé, d'une petite maison d'ailleurs parfaitement inconnue d'elle et autour d'elle, est naturellement, humainement inexplicable; ce ne peut être dans les circonstances données une révélation diabolique; donc c'est une révélation surnaturelle et divine. Mais cette révélation surnaturelle et divine, ce miracle a évidemment pour but d'autoriser, de certifier l'assertion principale : que la très sainte Vierge a vécu, est morte dans cette maison, a été inhumée et est ressuscitée près de là; cette assertion ainsi prouvée par un miracle est donc incontestable, car le miracle est la voix de Dieu, est l'approbation formelle de Dieu.

D'ailleurs, Mgr Timoni connaissait bien, lui, la tradition de l'Orient et d'Éphèse même, qui atteste les mêmes faits.

Et cette tradition a été constatée depuis de la manière la plus rigoureuse.

On a, de plus, nous l'avons vu, plusieurs passages très significatifs des livres saints, puis la lettre du concile d'Éphèse.

Ces quatre preuves : la tradition *perpétuelle* des Éphésiens, la lettre du concile d'Éphèse, les passages des livres saints et enfin le miracle accompagnant la révélation de A.-C. Emmerich, forment donc un infrangible faisceau de preuves.

8.— On a vu que, pour Jérusalem, il n'y a point de preuves semblables. Il y a bien pourtant quelques révélations privées; mais qui ne sont, elles, accompagnées d'aucune preuve; celles de Marie d'Agréda ont, de plus, été condamnées par l'Église.

Aujourd'hui donc, il ne peut plus y avoir de doutes fondés sur le séjour, la mort et l'Assomption de la très sainte Vierge à Éphèse.

9. — Aussitôt après avoir trouvé la sainte Maison, j'avais cherché le saint Tombeau; mais je ne l'avais point trouvé, attendu, comme le dit A.-C. Emmerich, qu'il est sous terre.

Les PP. Lazaristes de Smyrne ont depuis reconnu leur erreur; ils ont acheté la montagne; mais ils ont aussi, jusqu'à ce jour, cherché en vain ce saint Tombeau.

Pourtant, d'après les preuves indiquées ci-dessus, il est absolument certain qu'il y est.

10. — J'y suis retourné en 1896, et, de l'étude que j'ai faite des lieux pendant vingt-quatre jours, il me semble connaître, au moins d'une manière probable, l'endroit où se trouve le saint Tombeau; je puis me

tromper, assurément; mais il importe de vérifier, et en cas d'insuccès, de chercher partout où il pourrait se trouver. C'est pour faire les fouilles nécessaires, qu'ont bien voulu me permettre les PP. Lazaristes, que je prie les hommes de foi et de dévouement de m'aider. Déjà notre vénérable Cardinal et M. le curé de Saint-Médard m'ont remis chacun une généreuse offrande. Une vingtaine de mille francs me paraîtraient suffire à toutes les éventualités.

11. — Quiconque y réfléchira, sera frappé, je n'en doute pas, de l'importance de cette sainte entreprise pour la gloire de Dieu et la gloire de la très sainte Vierge, dont l'Assomption, si on retrouvait son tombeau, pourrait plus facilement être définie comme article de foi; pour le triomphe de l'Église catholique, combattue là par tant de sectes schismatiques et hérétiques; pour le succès, par conséquent, des efforts de Notre Saint-Père le Pape; pour le salut de ces âmes égarées et de beaucoup d'infidèles; pour la cessation des massacres et la civilisation de l'Orient; et enfin pour l'honneur et l'influence de la France.

J'espère que beaucoup voudront bien y contribuer par leurs prières d'abord et par leurs offrandes ensuite.

12. — Autrefois, Dieu s'adressa à nos pères pour délivrer le tombeau de Jésus-Christ, et au cri de : « Dieu le veut! » nos pères sacrifièrent vie et fortune dans de glorieuses croisades.

Aujourd'hui, Dieu nous appelle à la découverte du tombeau de sa divine Mère; nous avons pour gage de sa volonté une révélation incontestable et la sainte Maison déjà retrouvée. Il suffit d'ailleurs d'un peu d'argent. Montrons-nous donc généreux aussi pour Dieu, et pour Marie qui a tant fait pour nous, et Dieu et Marie se montreront encore généreux pour nous, dans ces temps où nous en avons tant besoin.

GOUYET,
Prêtre libre, rue Berthollet, 7.

Paris, le 2 mars 1898.

P.-S. — Tous les faits indiqués dans cette notice se trouvent développés dans une brochure intitulée : *Découverte de la Maison de la sainte Vierge dans la montagne d'Éphèse*, qui s'imprime actuellement, avec l'*imprimatur* de Son Éminence. Elle se vendra au profit de l'Œuvre.

Voici un extrait de l'appréciation qu'en a faite M. l'abbé Jouin, curé de Saint-Médard :

« Mon cher ami,

« ... La découverte de Panaghia-Capouli, qui est votre œuvre, les travaux complémentaires des PP. Lazaristes, la mise en lumière d'une tradition séculaire de la plus haute importance, les pèlerinages d'Éphèse, de Smyrne et des bourgades voisines, particulièrement à la Fête de l'Assomption, permettent d'affirmer, ce semble, que vous avez tout au moins retrouvé une habitation de la sainte Vierge durant son séjour dans ces contrées.

« Ce seul point autorise et réclame des fouilles plus complètes, et si vous trouvez le tombeau que vous recherchez avec l'infatigable ténacité de votre foi et de votre piété filiale, vous aurez été peut-être l'instrument de la Providence pour rendre à l'Église la relique la plus vénérable après le saint Sépulcre, et pour hâter la définition du dogme de l'Assomption, qui sera sur terre le couronnement des gloires de Marie.

« Courage donc, mon cher ami, et croyez que personne n'applaudira de meilleur cœur à vos efforts et à vos succès. « *(Signé)* : JOUIN, C. »

AVIS AUX DONATEURS

Comme le temps presse à cause de l'approche des chaleurs, où les fouilles deviendront beaucoup plus difficiles, je prie les personnes qui désirent s'associer à cette œuvre de vouloir bien remettre leurs offrandes le plus tôt possible.

Elles peuvent les envoyer au Secrétariat de l'archevêché ;

Ou à M. l'abbé Jouin, curé de Saint-Médard, 39, rue Daubenton ;

. Ou les remettre à la personne qui leur présentera une liste de souscription marquée du sceau de l'archevêché ou de la paroisse Saint-Médard ;

Ou enfin me les remettre à moi-même, 7, rue Berthollet.

S'il en est besoin, il sera formé un Comité d'administration de l'œuvre.

Je partirai aussitôt que les ressources seront suffisantes.

Dans le cas où je viendrais à mourir, les PP. Lazaristes de Smyrne seraient chargés de continuer la sainte entreprise.

Si Dieu me laisse la vie, à mon retour je rendrai compte des dépenses et des résultats.

Ce compte rendu sera publié de la manière qui paraîtra la plus convenable avec la liste des donateurs.

Les personnes qui désirent recevoir la brochure, dès qu'elle aura paru, sont priées d'en remettre le prix, avec leur adresse exacte, à l'une des personnes désignées pour recevoir les offrandes. Elle se vendra 4 francs, au profit de l'œuvre, comme on l'a dit. Il y aura vingt-cinq exemplaires sur papier du Marais, au prix de 10 francs.

Donc, deux moyens de concourir à l'œuvre.

1° Par des dons en argent;

2° Par la souscription à la brochure : *la Découverte de la Maison de la très sainte Vierge; fouilles à faire pour découvrir aussi son tombeau.*

Je prie MM. les curés qui voudraient bien s'intéresser à l'œuvre d'indiquer les personnes de leur paroisse qui pourraient se charger de recueillir les offrandes et les souscriptions.

Que par sa glorieuse ASSOMPTION
Et sa MATERNITÉ DIVINE qui a été proclamée à Éphèse
La VIERGE IMMACULÉE
Daigne bénir cette petite Notice !

PARIS

IMPRIMERIE D. DUMOULIN ET Cie

5, rue des Grands-Augustins, 5